CW01622104

Juliette Mangemiette

Responsable de la collection : Frédérique Guillard
Direction artistique : Bernard Girodroux, Claire Rébillard et Laurence Moinot.

© Éditions Nathan (Paris-France), 1997.

FANNY JOLY

Juliette Mangemiette

Illustrations de Guillaume Decaux

NATHAN

C'est bientôt l'heure

du déjeuner.

Dans sa cuisine,

madame Mangemiette

fait l'impossible

pour que tout se passe

le mieux possible.

Elle met sa jolie nappe brodée,
ses assiettes à bord doré,
ses beaux verres à pied...
Elle coupe du pain tout frais.
Et même, elle chante
pour avoir l'air gai.

En réalité, plus l'heure
du déjeuner approche,
plus madame Mangemiette
est inquiète.
C'est à cause de sa fille Juliette.
Juliette Mangemiette.

Juliette est en train de jouer
dans le jardin. Elle fait
de la bouillie d'herbes folles,
elle court derrière les sauterelles,
les coccinelles, les papillons...

... jusqu'au moment où Juliette entend la voix de sa maman qui appelle : « À table ! »

Alors là, brusquement,
la mine de Juliette se chiffonne,
son menton se renfrogne.
Elle se traîne vers la maison.
On dirait que chacun de ses pieds
pèse dix tonnes...

Madame Mangemiette attend
Juliette sur le seuil de la cuisine :
– Alors, ma chérie, tu as faim ?
– Hein ?

Juliette regarde sa maman bizarrement, comme si elle ne comprenait pas ce mot-là : faim.

– Qu'est-ce qui te ferait plaisir pour ton déjeuner, demande madame Mangemiette, un bifteck haché ?

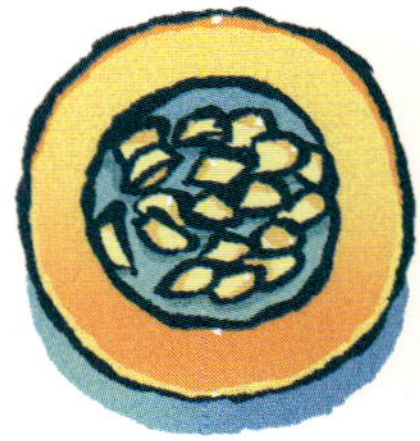

– Oh non, merci !
– Des pommes de terre sautées ?

– Oh merci, non !
– Un œuf sur le plat ?
– J'aime pas !

Madame Mangemiette lève
le doigt :
– Juliette, on ne dit pas
« j'aime pas » !

Juliette murmure doucement :
– Alors j'aime bien,
mais pas aujourd'hui...

Madame Mangemiette
regarde sa belle table.
On dirait presque qu'elle va
pleurer :
– Pas aujourd'hui,
pas aujourd'hui, mais c'est
tous les jours comme ça, Juliette !
Tu ne veux jamais manger,
jamais !

Juliette cherche ce qu'elle
pourrait bien vouloir manger...
– Laisse, maman, je mangerai
les miettes de pain, là,
sur la nappe, ça me suffit...
– Mais enfin, Juliette,
ce sont les oiseaux qui mangent
des miettes !

Juliette regarde les oiseaux
par la fenêtre.

Ils sautillent de branche
en branche, ils s'envolent
sur le ciel bleu ciel,
elle aimerait bien être un oiseau,
en fait...

Madame Mangemiette
s'inquiète. Elle en parle
à grand-mère Mangemiette.
Grand-mère Mangemiette
réfléchit et dit :
– Et si tu donnais du sirop
de perlimpinpin à ta Juliette,
pour lui ouvrir l'appétit ?
Moi, je t'en donnais
quand tu étais petite.

Madame Mangemiette achète
un flacon de ce sirop
de perlimpinpin.
Ce jour-là, Juliette avale
une cuiller de sirop,
quelques miettes...
et puis plus rien.

Madame Mangemiette
s'inquiète.
Elle en parle à l'épicier du coin.
L'épicier réfléchit et dit :
– Elle aime le poisson,
votre Juliette ?
– Oh non.
– Le rôti, le jambon, les carottes,
les champignons ?

– Oh non, non, non.
– Qu’est-ce que vous allez lui faire manger, alors ?
– Justement, je vous pose la question...

Soudain, l'épicier se frappe le front :

– Et les rutabagas ?

– Qu'est-ce que c'est que ça ?

– Ce sont des légumes qu'on mangeait autrefois...

Madame Mangemiette
n'a jamais essayé les rutabagas.
Elle se dit que peut-être
Juliette aimera.
Elle en achète un cageot.
Elle les épluche, elle les fait
cuire avec du beurre, du sel,
du citron...

Quand Juliette voit les rutabagas dans son assiette, elle s'écrie :
– Qu'est-ce que c'est que ça ?

– Des rutabagas. Goûte,
c’est très bon pour toi.
Ce sont des légumes
qu’on mangeait autrefois...

Juliette renifle son assiette :

– Autrefois ? Je comprends
pourquoi on n’en mange plus.
C’est dégoûtant,
tes ruta-j’sais-pas-quoi !

Pauvre madame Mangemiette !

Elle en parle à sa voisine,
madame Joufflu, qui a douze
enfants bien roses et bien dodus.
Madame Joufflu réfléchit et dit :
– Est-ce que vous lui avez déjà
fait de la tête de veau aux cuisses
de grenouilles avec du chou-fleur,
des câpres et des anchois ?
Moi, mes enfants adorent ça !

Madame Mangemiette
n'a jamais fait ça.
Elle se dit que peut-être Juliette
aimera.
Elle copie la recette de madame
Joufflu sur trois feuilles de papier
recto verso.

Le lendemain, elle se lève tôt
pour préparer tout ce qu'il faut...
Ce matin-là, dans la cuisine,
Juliette trouve sa maman
toute rouge au milieu
de la tête de veau, des cuisses
de grenouilles, des poêles à frire,
des anchois, des écumoires...

– Maman, mais qu’est-ce que c’est que tout ça ?
– C’est une recette de madame Joufflu que je suis en train de préparer pour toi...
Ça sent bon, n’est-ce pas ?
– Oh non, maman, s’il te plaît, ne fais pas ça, pas pour moi...

Madame Mangemiette se laisse
tomber sur son tabouret
de cuisine :
– Mais alors quoi, quoi, quoi ?
Qu'est-ce que je peux faire
pour te faire manger, Juliette ?
Je suis tellement, tellement,
tellement inquiète...
Juliette réfléchit et dit :
– Et si tu essayais...

Madame Mangemiette
se redresse. Est-ce qu'enfin
Juliette va avoir envie
de quelque chose à manger ?
– Et si tu essayais, maman...
de moins t'inquiéter.
Parce que moi, ça m'inquiète
de te voir t'inquiéter sans fin
et même, je crois bien
que ça me coupe la faim !

Fanny Joly

Toute petite, elle dévorait les livres. Elle continue aujourd'hui. Elle fait même mieux : elle en écrit. Dès qu'elle a fini de faire la cuisine pour son mari et ses trois enfants, elle se met à sa table de travail et mijote des histoires. C'est ainsi que Fanny a publié une cinquantaine de livres.
L'une de ses fiertés est d'avoir remporté de nombreux prix décernés par des jurys d'enfants... qui ont dévoré ses livres, évidemment !

Guillaume Decaux

Après avoir renversé dix-neuf fois ses pots d'encre, perdu onze illustrations et taillé deux fois son doigt à la place de son crayon, il a décidé de s'acheter un ordinateur : toutes les images sont maintenant bien rangées entre les circuits électroniques, et c'est devenu presque magique de dessiner !

DANS LA MÊME COLLECTION

ARNAUD ALMÉRAS

Barbichu et
la machine à fessées

Barbichu et
le détecteur de bêtises

Calamity Mamie

Les vacances de
Calamity Mamie

HUBERT BEN KEMOUN

Tous les jours, c'est foot !

Même pas cap !

NICOLAS-JEAN BREHON

Un petit grain
de rien du tout

CLAUDE CLÉMENT

Bon anniversaire
Barbaclou !

JEAN-LOUP CRAIPEAU

Un Noël à poils doux

ELSA DEVERNOIS

Qu'est-ce que tu me
donnes en échange ?

DANIELLE FOSSETTE

Je ne veux pas
aller au tableau !

Je me marierai
avec la maîtresse

JACQUELINE FRASCA

Dent de loup

FANNY JOLY

Juliette Mangemiette

THIERRY LENAIN

Menu fille
ou menu garçon ?

Crocodébile

Tête de grenouille

GENEVIEVE NOËL

Un super anniversaire

ANN ROCARD

Le loup qui
avait peur de tout

Le loup qui tremblait
comme un fou

Le loup qui n'avait
jamais vu la mer

BÉATRICE ROUER

T'es plus ma copine !

Mon père,
c'est le plus fort !

Tête à poux

Nulle en calcul !

Le pestacle
et les pétards

Souris d'avril !

ÉRIC SANVOISIN

Bizarre le bizarre

N° d'éditeur : 10036833-(I)-(8)-CSBA-170
Dépôt légal : janvier 1997
Impression et reliure : Pollina s. a., 85400 Luçon - n° 71089-A
Conforme à la loi n° 49956 du 16 juillet 1949
sur les publications destinées à la jeunesse
ISBN .2.09.284436-8